Godehard Stein

# Aberhuberts
# lyrische Eskapaden

**Bibliografische Information der Deutschen Nationalbibliothek**
Die Deutsche Nationalbibliothek verzeichnet diese Publikation in der
Deutschen Nationalbibliografie; detaillierte bibliografische Daten sind im
Internet über http://dnb.d-nb.de abrufbar.

© 2009 Godehard Stein, 2. Auflage 2025

Verlag: BoD · Books on Demand GmbH, Überseering 33,

22297 Hamburg, bod@bod.de

Druck: Libri Plureos GmbH, Friedensallee 273, 22763 Hamburg

Umschlaggestaltung: Sandra Püttmann, Lippstadt
                        www.sandrapuettmann.com

ISBN: 978-3-8370-7919-7

*An dieser Stelle
könnte Ihre Widmung stehen.*

Vorwort                                                          5

I.  Die Reise ins Ich                                            9

II.  Nicht ganz Dichter                                         25

III. Fabelhaft tierisch                                         43

IV. Schweigeminuten und die Stille dazwischen                  61

V. Unterwegs nach Irgendwo                                      79

VI. Beruf oder Berufung                                         89

VII. Wortspielplatz                                             95

VIII. Geschichten                                              103

IX.  Weihnachten und andere Katastrophen                      119

X. Letzte Seite                                                129

# Vorwort

Sicherlich fragen Sie sich, wer oder was eigentlich ein Aberhubert sein soll. Nun, dem einen oder anderen ist diese „Person" bereits begegnet, eher virtuell als höchst selbst.

Aberhubert trieb sich unlängst auf einer sogenannten social networking platform im Internet herum und erfreute den einen oder anderen Leser mit fast regelmäßigen Blogbeiträgen handgemachter Lyrik. Dabei erhielt er soviel positive Rückmeldung, dass er sich dazu entschloss, die Anonymität des Internets zu verlassen und ins Licht einer bescheidenen Öffentlichkeit zu treten.

Lyrik ist dabei nicht gerade der Gassenhauer unter den literarischen Ergüssen der heutigen Zeit. Ob nun gefühlsbetont oder humorvoll, kritisch oder gezielt unsinnig, ein Gedicht lockt kaum jemanden hinter dem Ofen hervor und noch weniger Menschen in Buchläden. Allenthalben findet man Lyrik im weitesten Sinne auf den Wühltischen und in der Grußkartenabteilung. Und doch geht Aberhubert nun diesen Weg, um dem einen oder anderen geneigten Leser ein wenig Denkstoff oder Kurzweil zu verschaffen.

Und wer ist nun dieser Aberhubert? Wer steckt dahinter? Aus den Versen und Reimen, mehr aber noch zwischen den Zeilen erfährt man einiges darüber, über ihn, über mich! Freilich sollte nichts davon für ein psychologisches Profil herangezogen werden, denn all das, was die folgenden Seiten ziert (oder einfach nur füllt) beruht hauptsächlich auf spontanen Einfällen und der Lust am Spiel mit dem Wort (und dem anderen Wort und einem dritten und so weiter...).

Das Pseudonym Aberhubert leitet sich auf recht unspektakuläre Weise ab – sofern Sie noch ein paar Minuten Geduld haben, erzähle ich dies noch eben zu Ende, bitte schön.

Mein Großvater mütterlicherseits war nicht nur Rheinländer und selbst im hohen Alter noch Mitglied einer der eher lustigen Studentenverbindungen, vor allem war er ein Quell an Zitaten und Anekdoten, der, wie es mir früher schien, nie versiegen wollte. Des Öfteren bereicherte der Opa die Familienfeiern mit Versen, die sich mitunter auch einer etwas deftigen Sprache bedienten. Ich erinnere mich da z.B. an „Wer wagt es, Rittersmann oder Koch, zu tauchen in dies Abtrittsloch...".

Seiner Frau, meiner guten Oma Lisbeth, fuhr angesichts solcher und deftigerer Aussprüche oftmals nicht nur ein Lächeln, sondern auch Schamesröte ins Gesicht, und mit schöner Regelmäßigkeit richtete sie in solch einer Situation an ihren Mann die Worte „Aber Hubert!" (Man kann leider die unnachahmliche Stimmlage und Aussprache in dieser Form nicht wiedergeben – glauben Sie mir, es war einmalig!)

Nun maße ich mir nicht an zu behaupten, einen derart umfangreichen Zitatenschatz wie mein Großvater zu haben, trotzdem wählte ich vor längerer Zeit in Erinnerung an ihn und meine Großmutter das Online-Pseudonym Aberhubert, in der Hoffnung, dass das Andenken der beiden so ein wenig weitergetragen werden kann.

Wenn ich nun schon Quellen der Inspiration aufzähle, so möchte ich doch an dieser Stelle wenigstens noch einen Autor erwähnen, dessen Werke mich immer wieder faszinieren. Der vorliegende kleine Lyrikband ist eine Verneigung vor Robert Gernhardt, dessen

Witz und Tiefsinnigkeit an der Grenze zur Genialität liegen, aber auf der anderen Seite (von meinem Standpunkt aus).

Zu Dank verpflichtet bin ich gewiss den Menschen, die mein Leben derart bereichert haben, dass mir immer wieder etwas Neues einfällt. Leider kenne ich viele davon gar nicht, weil sie einfach nur Passanten waren, die irgendwie meine Aufmerksamkeit erregten.

Aber auch die Freunde, die mir immer zur Seite stehen, die Menschen, die ich liebe, zeichnen mit verantwortlich für die Entstehung dieses Debüts (ich werde sie sicherheitshalber nicht namentlich nennen, richten Sie Ihre Beschwerden bitte lieber direkt an mich!). Von ihnen kommen die meisten Impulse, sie geben mir die Gedanken, die lustigen, traurigen, liebevollen oder auch absolut unsinnigen.

Wie es sich für einen Autor gehört, der mal so richtig auf die Pferde hauen will, möchte ich das Buch jemandem widmen. Zuerst fallen da einem die Frauen ein, bei denen man mal so richtig punkten will (tatsächlich sind einige echt beeindruckt, wenn sie mal eine ganz andere Seite an mir entdecken!). Nach reiflicher Überlegung, vor allem aber, weil die mit ihr verbundenen Ereignisse letztlich den endgültigen Ausschlag für dieses Werk gaben, habe ich mich für eine Frau entschieden, die ich ganz tief in meinem Herzen trage (also, in dem metaphysischen Teil, Sie verstehen...). Vielleicht kann ich ihr dann ebenso wie meinen Großeltern ein kleines, ganz persönliches Denkmal damit setzen.


Dieses Buch ist für Katrin, meine kleine Schwester, die vermutlich als einzige in meiner Familie meinen Sinn für Humor teilen konnte. Leider erlebst du dies nicht mehr. Du fehlst mir!

Nun aber (endlich!) genug der langen Rede, jetzt kommt der kurze Sinn.

Ich würde mich freuen, wenn in eben diesem der eine oder andere von Ihnen etwas in diesem Buch findet, was ihn in irgendeiner Form bewegt. Und sollte dies nicht der Fall sein, behalten Sie's für sich.

Godehard Stein

Februar 2009

Nachtrag:

Vor inzwischen 16 Jahren wurde die erste Version der lyrischen Eskapaden veröffentlicht. Nun habe ich einige Änderungen vorgenommen und eine Handvoll Fehler ausgemerzt (nein, es sollte NICHT „Scheißperlen" heißen!).

An den Inhalten habe ich aber natürlich nichts verändert. Es ist alles so, wie es damals war: Ehrlich, sarkastisch, lustig, bewegend, traurig – so wie unser Leben nun einmal ist.

Ich wünsche Ihnen und euch weiterhin gute Unterhaltung mit Aberhubert und seinen Gedanken.

Godehard Stein

Juni 2025

# I. Die Reise ins Ich

## Das hätte Freud gefreut

Zwischen Ich und Über-Ich
Befind ich mich!
Dort spiel ich mit dem Alter Ego
Lego!

## Drehsinn

An manchen Tagen denke ich,
Die ganze Welt dreht sich um mich.
Doch muss ich mich der Erkenntnis stellen:
Es liegt an meinen Schwindelanfällen!

## Aberhubert hat...

...die Ohren eines Adlers und die Augen einer Fledermaus

## Namentlich bekannt

Heiner, Bärbel und Susanne,
Käthe, Horst und Marianne,
Jürgen und auch Friederich -
Kenn ich nich'!

Bernadette und Maria,
Wolfgang, Werner und auch Pia,
Dieter, Silvia und Gerd -
Nie davon gehört!

Peter und Elisabeth,
Silke, Cordula und Fred,
Karoline und auch Hein -
wer soll das denn sein?

Stefan, Barbara und Hans,
Ludwig, Elke und auch Franz...
Und so langsam frag ich mich:
Wen kenn ich eigentlich?

**Neun Worte zur Familie**

Fluch!
Besuch!
Unerwartet...

Verwandt!
Verdammt!!!
Abgewartet...

Heuchel!
Meuchel!
Ausgeartet...

**Solche Tage**

Manchmal geht alles schief,
Es gibt halt solche Tage,
Jedoch bei mir
Wird's zur stabilen Seitenlage!

# Traumdeutung

Im Traum traf ich drei weise Männer,
Die jeder kennt, besonders wenn er
Sich auskennt mit solchen Dingen wie
Phä...Phy...Philolo...Sophie!

Ich ging entlang an einem Fluss,
Da traf ich auf Konfuzius.
Der Alte lächelte bedächtig,
Und ich, ich dachte mir „Na prächtig!
Da treff ich 'ne Persönlichkeit
Und habe zudem auch noch Zeit,
Ich hätte doch so viel zu fragen -
Scheinbar hat er nichts zu sagen!

Genervt ließ ich den Greisen stehen,
Um in den nahen Wald zu gehen
Und grübelte dabei indes -
Da traf ich Aristoteles!
„He, Freund", rief ich, „ich würde gern..."
Doch er, er winkte ab von fern,
Zog sich raschen Schritts zurück
Und grummelte was von „Metaphysik".
Es kann ja nur noch besser werden!

Unter Mühen und Beschwerden,

Mit beträchtlichem Geschnauf,

Stieg ich einen Berg hinauf.

Dort saß ein Mann, wohl ganz entspannt.

„Oh, guten Tag, sind Sie Herr Kant?"

Er schaute auf und sagte „Ach..."

Da wurde ich ganz plötzlich wach!


Nun muss ich wirklich hinterfragen:

Was wollte dieser Traum mir sagen?

Denn Träume, die so seltsam scheinen:

Haben sie Sinn? - Vermutlich keinen!



**Was bin ich?**


Bin kein Riese,

Bin deutlich kleiner

Bin kein Engel,

Bin deutlich gemeiner

Bin kein Mönch,

Bin deutlich williger

Bin kein Brad Pitt

Bin deutlich billiger

## Mein Leben

Ich drehe mich
Und wende mich
Finde nicht den Weg
Geradeaus
Wäre so einfach
Darum geh ich schräg

Stolper durch
Die Dunkelheit
Stoße oftmals an
Vor mir Wüste
Nach mir Chaos
Ist alles was ich kann

Versuch das Leben
Zu begreifen
Die Antwort, die ich fand:
Einbeiniger Spagat
Zwischen Wahnsinn
Und verlorenem Verstand

**Labyrinth**

Ich gehe rechts
Und schaue links
Was bringt's?

Ich gehe vor
Und schaue zurück
Wo ist das Glück?

Ich biege ab
Geh gerade aus
Wo ist mein Zuhaus'?

Ich stehe auf
Und falle hin
Und komme da an
Wo ich losgegangen bin...

## Die andere Freiheit

In meinem Kopf
Da wohnt ein Wesen,
Es flüstert mir
Tagein, tagaus
Und ohne Unterlass
Vier Worte zu:
Ich will hier raus!

Lasse ich es
Lieber ziehen
Oder bleibt es
Besser drin?
Was, wenn am Ende
Ich erkenne,
Dass ich das
Wohl selber bin?

Befrei den Geist
Und lass ihn fliegen
Ohne Hindernis
Und Halt.
Der Körper bleibt
Am Boden liegen,

Ganz regungslos
Und kalt.


## Nicht wie du

Sieh mich an
Ich bin nicht wie du
Du öffnest den Mund
Ich mache ihn zu
Du lächelst so hämisch
Oh, wie ich das hasse
Du schaust überheblich
Wenn ich dich lasse
Wend' ich mich nach rechts
Drehst du dich zur Linken
Ich rümpf' meine Nase,
Du deinen Zinken
Wenn du mich so anstarrst
Möcht' ich nur noch laufen
Möcht' dich so verprügeln
Nur müsste ich
Mir dann einen neuen Spiegel kaufen

## Selbsterkenntnis

Man braucht von mir,
Darf ich verraten,
Nichts großes zu erwarten.
Denn sind die Etwartungen
Zu groß
Endet's in Enttäuschung bloß.
Hält man die Erwartungen
Aber klein,
Dann stellt sich manchmal,
Ab und zu,
Auch Überraschung ein.

## Lebenseinstellung

Ich gebe nicht an
Nicht auf
Nicht ab
Ich gebe nur Leben
Und das
Nicht zu knapp

**Wenn ich...**

Wenn ich könnte, wie ich wollte
Wenn ich dürfte, was ich sollte
Wenn ich sagte, was ich denke
Wenn ich bekäme, was ich schenke
Wenn ich bezahlte, was ich raube
Wenn ich wüsste, was ich glaube
Wenn ich verstünde, was ich mein
Würde alles anders sein

**Der Baum**

Dort steht ein Baum,
Majestätisch und elegant,
Vom Sturm gebeugt,
Doch hält er stand.
Könnte ich nicht sein
Wie dieser Baum?

Wohl kaum...

### Beinahe Zwillinge

Wir gleichen uns fast
Wie ein Ei dem andern:
Vom Haar bis zur Figur,
Vom Gang bis zur Statur,
Von der Stimme bis zur Stimmung
Vom Humor bis zur Gesinnung
Doch im Kleinen,
Dort im Feinen,
Bei den Genen stellt man fest:
Mir die guten, dir den Rest!

### Mir geht's gut

Mir geht's gut, sieht man das nicht?
Ein paar Falten im Gesicht,
Gelegentliche Rückenschmerzen,
Ein paar Sorgen auf dem Herzen –
Erfreu mich trotzdem meiner Tage,
Danke der Nachfrage!

## Sterndeutung

Lag gestern wach, die halbe Nacht
Und hab darüber nachgedacht,
Ob wohl ein Stern am Firmament
Tatsächlich schon mein Schicksal kennt.
Das wäre was, denn immerhin
Bekäm das Leben einen Sinn
Und sei's nur, um des Sternleins Willen
Bezüglich Schicksal zu erfüllen!
So lag ich also lange wach
Und dachte ernsthaft drüber nach,
Ob wohl ein Stern am Firmament...
Da bin ich schließlich eingepennt!


## Hingebungsvoll

Ich möchte mich nicht verdrehen
Und schließlich auf meinen eigenen Rücken sehen!
Ich möchte mich auch nicht ändern,
Möchte mich nicht völlig hingeben,
Denn das erfordert zu viel
Hingebung eben!

**Erkenntnis**

Ich genieße das Leben in vollen Zügen -
Würd ich das sagen, müsste ich lügen,
Denn zwischen dicht gedrängten Leibern,
Schwitzenden Kerlen, schwatzenden Weibern,
Lauten, lärmenden, lästigen Blagen -
Ach, ich will mich nicht beklagen!
Denn trotz allem liegt auf der Hand:
DAS macht das Leben interessant!


**Gegen die Uhr**

Ich laufe gegen die Uhr
Aber die Uhr gewinnt
Weil langsam,
Aber stetig
Meine Zeit verrinnt
Verrinnt die Zeit
Und ist vergangen
Dann bin ich endlich
Nicht mehr gefangen

**An die Ewigkeit**

An manchen Tagen scheint es so
Als gäb' es keinen Sinn
Am liebsten stünde ich dann auf
Und würfe alles hin.
Ich sehe einen Sonnenstrahl
Und schaue auf die Welt
Da draußen gibt es noch soviel
Was mich neugierig hält

Mich lockt kein Engelshochgesang,
Kein himmlisch schöner Garten,
Ich leb' ein bisschen Leben noch
Die Ewigkeit kann warten!

**Vergessene Welt**

Auf sich gestellt,
Vergessene Welt.
Keine Hand
Zum Halt gereicht,
Von der Welt vergessen...

## Schmerzlich gereift

Erkenntnis kommt langsam
Und schmerzlich gereift:
Meist muss Schlimmes
Erst passieren,
Bevor man
Endlich begreift.

# II. Nicht ganz Dichter

## Erkenntnis eines Dichters

Wie glücklich ist doch der Poet -
Wenn man ihn versteht!

## Kurzes Gedicht

Ein
Kurzes
Gedicht?
Mit
Mir
Nicht!
Es
Muss
Mindestens
Zwölf
Zeilen
Haben!

## Lyrik

Ich schreibe keine Prosa -

Nicht dunkel und nicht rosa!

Ich schreibe keine Poesie,

Denn die gelingt mir nie!

Und ganz besonders meid' ich Lyrik,

Denn richtig reimen ist echt schwürig!


## Über das Dichten

Was wäre das Dichten ohne den Reim?

Ohne Metrum? Ohne den Vers?

Launisch,

Mürrisch,

Schwer zu lesen

Und ziemlich sicher

Ganz schön persönlich!

## Dreißig mal Satz

Absatzansatzaufsatzaussatzbausatzbeisatzb
esatzblocksatzbodensatzdreisatzdurchsatze
insatzersatzfortsatzgegensatzgrundsatzhaup
tsatzkaffeesatzkennsatznachsatznebensatzp
rozentsatzschriftsatzsprengsatzumsatzunter
satzversatzvorsatzzeichensatzzusatz

## Die Eingebung

Der Gedanke, den ich fand,
Unscheinbarer Rohdiamant:
Gesäubert, geschliffen und poliert,
Nie hab ich mehr besessen!

Ich gab ihm Form, wo keine war.
Er strahlte hell und wunderbar,
Preziose aus Worten, reimverziert...
...
Jetzt hab ich ihn vergessen!

## Kauf mir ein Buch

Kauf mir ein Buch
Und lies mir was vor!
Ich genieße es
Und bin ganz Ohr!
Der Grund ist durchaus schlüssig:
Dann ist selber lesen überflüssig!


## Aufbegehren

Schau,
Was schreibt
Der Schreiberling
Wieder für ein lustiges Ding?

So stehen sie dort
Und philosophieren
Während sie
Fremde Werke
Zitieren.

Bisweilen
Brachen sie
Mit harscher Kritik
Dem einen
Oder anderen
Das kreative Genick!

Ha!,
Schrei ich,
Was fällt euch denn bloß ein?
Welche Worte?
Welche Verse?
„N I C H T S !"
Muss die richtige Antwort sein!

Das musste mal raus,
Nun bin ich lieb!
Schreib eigene Worte,
Bin ja kein Dieb...

## Bildsprache

Meine Farben sind die Worte
Meine Leinwand das Papier
Meine Palette ist die Sprache
Mein Pinsel ist der Bleistift hier

Schaff ich es mit meinen Worten
Im Geiste Bilder zu erschaffen
Dann ist mir wahre Kunst gelungen –
Ansonsten mach ich mich zum Affen!

## Bitte nicht weiterlesen

Bitte nicht
Weiterlesen!

Na, was ist denn das?
Sagte ich nicht gerade was?
Nicht, dass es hier einen stört -
Schon mal was von Respekt gehört?

Nicht
Weiterlesen!

Muss ich alles doppelt sagen?
Ist die Erziehung fehlgeschlagen?
Ist das eine zerebrale Störung?
Oder riecht's hier nach Verschwörung?

NICHT
WEITERLESEN!

Mir scheint, ihr gebt es echt nicht auf!
Na gut, dann setz ich einen drauf:
Wenn keiner das tut, was ich will,
Dann bleib ich eben still!

So!

## Wortschmied

Heißes Eisen,

Fass es an!

Schmiede es,

Biege es,

Forme es,

Wiege es,

Dreh es,

Streck es,

Reib es,

Schreck es,

Bis es dampfend eingehüllt

Schließlich seinen Zweck erfüllt!

Heißes Eisen,

Fass es an

Und sieh,

Was man aus Worten machen kann!

## Tiefgang

Wenn ein großes Schiff
Nicht den nötigen Tiefgang hat
Dann kippt es bei Seegang um –
Wie dumm!

Und ganz genauso
Ist es doch –
Siehst du das nicht? –
Bei einem Gedicht.

Ist es leicht und seicht
Und plätschert so
Vor sich hin:
Wo ist der Sinn?

Es wirkt doch erst,
Wenn es sich durch sein Eigengewicht
Tief in Verstand und Erinnerung drückt:
Wie verrückt!
Also lasse ich den Quatsch
Und beginne damit
Gedicht mit Tiefgang zu schreiben –
Oder ich lass es lieber bleiben!

In Sachen Eloquenz

Protospyrozysten
Neonihilisten
Retroreinkarnation
Terapolyzyklotron
Hyperspasmodyslepsie
Endokrinodimetrie

Der Gebrauch
Von Fremdworten
Beeindruckt -
Selbst wenn
Kein Schwein
Weiß, was sie
Bedeuten sollen!

## Inspiration

Heute traf mich
Die Inspiration
Gerad' so wie eine Keule.
Zum Glück hinterließ sie
Man ahnt es schon
Ideen und keine Beule!

## Bekenntnis eines Dichters

Ja, ich schreibe Gedichte!
Warum?
Das ist eine lange Geschichte!
Sie handelt von Liebe
Und von Herz,
Von Tod und Trauer,
Kummer und Schmerz.
Ich schreib aus Erfahrung
Und tiefen Gefühlen -
Aber vor allem,
Um mit Worten zu spielen!

## 1000 (Eintausend)

1000 Menschen haben gelesen

1000 Besucher sind da gewesen

1000 Gesichter konnten lachen

1000 Feuer sollten entfachen

1000 Herzen haben etwas gespürt

1000 Paar Augen, zu Tränen gerührt

1000 Momente erfüllten Seins

Pardon, nun sind es 1001!

## An den Poeten

Schreib doch bitte ein Liebesgedicht!

Deine Geschichten

Handeln von allem

Nur von Liebe handeln sie nicht!

Nimm deine Worte und zaubere

Schreib Gedanken

Und Gefühle

Ins Reine, ins Saubere.

Schreib doch bitte über die Liebe
Es könnte bewirken,
Dass ich schließlich
Doch etwas länger bei dir bliebe!


## Ohne Worte

Ich sitze hier
Und mir fehlen die Worte
Die feinen,
Die gemeinen,
Eigentlich von jeder Sorte
Wäre ich ein Künstler
Spräche man von Schreibblockade
Schade
Es gibt soviel
Was ich noch sagen wollte
Doch ich bleibe stumm
– zu dumm!

## Fundsachen

Ich schreibe meist,
Sie werden lachen,
Über Fundsachen!
Von Zufällen
Und kleinen Dingen,
Die einem so ins Auge springen.
Darum gehe ich
Mit offenen Augen durch die Welt –
Und auch, weil man mit geschlossenen Augen
Nur zu leicht auf die Fresse fällt.


## Zur Kritik

Einem Dichter kann's passieren,
Dass manche, die ihn kritisieren,
Zur Unsachlichkeit neigen –
Solche Arschgeigen!
Wer mich nervt mit solchen Dingen,
Der kann mich götzvonberlichingen!
Jedoch nicht hier und jetzt und heute:
Hier sind mir doch zu viele Leute!

## Gedichtsverlust

Ich habe ein Gedicht geschrieben
Ganz rührend, wenn auch klein
Mit schönen starken Worten drin
Es war für dich allein!

Ich wollt's dir heute rüberschicken
Es sollte dich erfreuen
Plötzlich war es weg – na, dann
Beginn ich mit 'nem neuen!


## Arme Worte

Arme Worte
Unausgesprochen
Arme Worte
Ungelesen
Warten geduldig
Und gebrochen
Bis sie im Strom der Zeit
Verwesen

## Sprachproblem

Der Dichter war verstört:
Hatte er die Kunst zerstört?
Hatte er sie erweitert?
Oder war er schlicht
An der Sprache gescheitert?
War er wohlmöglich verflucht?
Er hatte es lediglich versucht,
Hatte das böse Ding
In jedem Satz versteckt:
Das Plusquamperfekt!


## Gedankensaat

Ein kleines Gedicht,
Das wäre doch gelacht,
Ist wirklich
Ganz schön schnell gemacht:
Man nehme ein paar Zeilen,
Die sich reimen,
Ein paar Gedanken,
Die dann keimen,

Wenn sie auf geistigen
Nährboden fallen –
Leider passiert das
Längst nicht allen!
Manche werden dabei
Kläglich versagen,
Werden niemals
Wurzeln schlagen,
Gehen unter,
Gehen ein,
Der Verstand
Lässt sie nicht rein.
Verstehst du nicht,
Du armer Tropf?
Dann hast auch du
Eine Wüste im Kopf!

## Mit Humor

Heute nehme ich mir vor:
Ich schreibe etwas mit Humor!
Ich grübele und denke, denke,
Wobei ich mir das Hirn verrenke,
Es schmerzt der Kopf und andere Sachen –
Find' ich jetzt gar nicht mehr zum Lachen –
Allmählich wird das sehr bedenklich
Ich fühle mich schon richtig kränklich
Zumindest hab ich jetzt entschieden:
Die Krankheit nenn ich Humoriden!


## Acht Worte

Ein Wort verletzt,
Ein zweites Wort heilt,
Das dritte Wort hetzt,
Das vierte verweilt,
Ein fünftes liebt,
Das sechste Wort hasst,
Ein siebtes will nicht in das Muster rein...
Das achte Wort, ah, ja... Passt!

# III. Fabelhaft tierisch

**Der Aal**

Es war einmal

Ein Aal

Der hatte die Qual

Der Wahl:

Bleibt er,

Wo er immer war,

Im kühlen Nass,

Wie wunderbar,

Oder bricht er auf,

Was er spannender fand,

Zu neuen Ufern,

Und zwar an Land?

Seine Wahl

Wurde seine Qual:

Der Aal, der Aal,

Der war einmal...

**Eine Frage zum Igel**

Hat der Igel an sich einen natürlichen Feind?
Und damit ist nicht der Mensch gemeint!
Vielleicht ein Raubtier, das mit ihm ringt,
Oder ihn sonstwie zur Strecke bringt?
Wenn's nicht so wäre, müsste es eben
Abermillionen von Igeln geben.
Wer schiebt vor die wüste Vermehrung den Riegel?
Das ist er selbst, der kleine Igel!
Er vermehrt sich nur selten, und das mit Bedacht:
Sex hat schon so manchen umgebracht

– wenn auch selten durch Aufspießen...


**Aberhubert's Tierleben (Band 1)**

Ganz traurig ist der Zitteraal,
Er hatte keine andere Wahl,
Und das war für ihn wirklich bitter:
Er lernt ab heute auf der Zither!

Das Nashorn hat ein Horn,
Nicht hinten, sondern vorn,
Denn wenn das Horn doch hinten wär,
Wär es ja kein Nashorn mehr!

Die Giraffe fand's nicht klasse:
Sie flog aus ihrer Krankenkasse!
Kein Wunder ist's, wenn man bedenkt,
wie oft sie sich den Hals verrenkt!

Beim Blauwal häuften sich Beschwerden
Er solle doch vernünftig werden
Und sehen, egal, wie viel man misst,
Dass Alkohol keine Lösung ist.

Es flucht der große E-Lefant
Ist dabei gar nicht E-legant,
Weil er, strengt er sich noch so an
Nicht E-Gitarre spielen kann!

Der Käfer

Sieh dort,

Der kleine Käfer,

Geht tapfer seinen Weg,

Klettert über

All die Steine,

Die ich vor ihn leg'.

Wie er

Über Zweige wandert,

Immer geradeaus.

Er sieht dabei

So eifrig und

So zielstrebig aus!

Sorgt er sich

Um Geld und Gut?

Kümmert ihn der Quatsch?

Hat all sein Streben

Einen Sinn?

Vermutlich nicht, und darum

*MATSCH*

## Nacktschnecken

Ich habe gehört,
Es gäb dieser Tage
Eine wahre Nacktschneckenplage.
Und tatsächlich
Sieht es so aus:
Es gibt kaum noch Schnecken mit Haus!
Das ist der Grund,
Warum ich mich frag:
Wieso gibt's keinen Nacktschneckenbausparvertrag?

## Väterlicher Rat

Pass gut auf, mein lieber Sohn,
Sprach der Herr Chamäleon,
Höre meine Warnung:
Am Hochzeitstag, wie jedes Jahr,
Mach dich einfach unsichtbar:
DAS ist gute Tarnung!

## Die Krähe

Die Krähe ist ein stolzes Tier
Mit pechschwarzem Gefieder.
Sie wohnt sehr gern in Kolonien,
Kommt dorthin immer wieder.

Die Krähe hat zwei scharfe Krallen
Ganz unten an sich dran,
Womit sie sich und anderes
Sehr fest wohl halten kann.

Die Krähe trägt den großen Schnabel
Mitten im Gesicht,
Messerscharf kann man ihn spüren -
Oder besser nicht!

Die Krähe äußert kein Gezwitscher,
Dazu fehlt ihr die Stimme,
Sie krächzt schon morgens früh im Baum -
Das ist ja grad das Schlimme!
Oh Krähe, stolzer Vogel du,
Sei morgens besser leise!
Sonst bringe ich dich selbst dazu,
Auf meine eigne Weise!

**Die Fliege**

Die Fliege fliegt über das Feld
Entdeckt die große weite Welt
Bestaunt die allerschönsten Plätze
Fliegt Bögen um die Spinnennetze
Genießt die Freiheit jeden Tag
Fliegt nur dahin, wohin sie mag
Braucht kein Heim und keine Bleibe
Und endet auf der Windschutzscheibe!

So ist es eben, c'est la vie:
Erst kratzt die Fliege ab – und dann ich sie!

**Aberhubert's Tierleben (Band 2)**

Die Scholle war fröhlich, schwamm hier und da
Bis eines Tages ein Unglück geschah!
Ein Walhai übersah sie glatt:
Da war sie platt!

Die kleine Schwalbe schien verloren
Und wär fast jämmerlich erfroren,
Weil sie, strengt sie sich noch so an,
Doch keinen Sommer machen kann!

Pass auf, du Spinne, wenn ich dich kriege!
Oh, du dumme kleine Fliege:
Da hilft kein Drehen und kein Wenden,
Weil Fliegen oft in Spinnen enden!

Die Spinne klagt in großer Not
Und schon ganz nah am Hungertod,
Dass alles nur am Funkloch liegt,
Weil sie partout kein Netz hier kriegt!

Schwamm und Seestern wundern sich:
Das Fernsehen lügt doch sicherlich!
Schneckenfutter gibt's nicht in Dosen
Und Meeresfrüchte tragen keine Hosen!

## Wichtige Fragen an die Meeresbiologie

Was kann der Thunfisch tun?
Hat der Wal eine Wahl?
Ist der Hai etwa high?
Und der Aal normal?
Hat man den Rochen gerochen?
Ist dem Hecht etwa schlecht?
Hat die Muräne Migräne?
Ich weiß nicht recht...

## Die Motte

Die Motte zieht's zum Licht,
Um schließlich zu verbrennen –
Das kann man bei aller Mottenliebe
Nur ziemlich dämlich nennen!

## Im Affenhaus

Was den Menschen vom Affen unterscheidet,
Mal abgesehen davon, dass er sich kleidet,
Ist eine Tatsache, die jeder kennt:
Der eine ist - mehr oder weniger - intelligent!

Was machen denn die wilden Affen?
Was können sie besonderes schaffen?
Nur haufenweise Obst verzehren,
Sich regelmäßig wild vermehren.
Laut kreischen, schreien, heulen, wettern
Und bei Gefahr auf Bäume klettern.

Der Mensch macht nicht solch ein Gekreisch!
Er züchtet Tiere, isst ihr Fleisch,
Manchmal mehr, als gut für ihn,
Denkt man an das Cholesterin.
Der Mensch trinkt gern, das wissen wir,
Statt Wasser lieber Wein und Bier,
Steckt sich die Zigarette an
Und rast auf seiner Autobahn.

Er ist sich der Vernunft bewusst
Und nennt das alles Lebenslust!

Seine Umwelt schützt er so:
Er sperrt die Tiere in den Zoo,
Wo sie hinter Gittern und Scheiben
Hoffentlich lang am Leben bleiben.

DAS unterscheidet den Menschen vom Affen -
Nur: Wer scheint hier wen zu begaffen?

(Münster, Allwetterzoo,
Aber sicherlich auch anderswo)

## Aberhubert's Tierleben (Band 3)

Der Käfer, er verzweifelt sehr,
Denn niemand wirklich glaubt ihm mehr,
Meint er doch, er sei 'ne Ameise –
Allein, ihm fehlen die Beweise!

Im Weiher steht er, der Flamingo,
Er spielt mit seinen Freunden Bingo
Und hört sich Village People an –
Was rosa doch bewirken kann!

Die Kuh springt auf dem Feld herum
Und grinst dabei ein wenig dumm –
Ja, manch einmal passiert sowas,
Verkonsumiert man zu viel Gras!

Im Ozean hörte man den Hummer,
Laut weinte er dort, voll von Kummer:
„Ich hoffe doch, ich überleb's!"
Leider hat der Hummer Krebs!

Mit Krach und mächtigem Gehabe
Erhobt sich stolz der schwarze Rabe,
Sprach: „Ich bin Gott, das ist kein Witz!"
Da traf ihn glatt der Blitz!

**Ornithologie für Fortgeschrittene**

Seht sie an, die bunten Pfauen
Wie sie nach den Hühnern schauen!
Ein jeder träumt davon allein
Der Hahn im Korb zu sein.

Wie die Geier kreisen sie
Über weiblichem Federvieh.
Im schlimmsten Fall können sie sich eben
Wie Uhu an die Täubchen kleben!

Mit Adleraugen fest im Blick,
Dem Kontrahenten im Genick,
Mit aufgeplusterem Gefieder
Stoßen sie wie Falken nieder.

Sind auf der Stelle dann zugegen
Ein Kuckucksei ins Nest zu legen,
Um wie Schwalb' zur Winterzeit
Davon zu fliegen, schnell und weit.

So nehmen sie an, diese Papageien,
Dass sie der Nabel der Welt wohl seien.
Ihr ganzes Dasein, das dreht sich glatt
Um alles, was mit Vögeln zu tun hat.

## Aberhubert's Tierleben (Band 4)

Wovon träumt das Nilpferd nur?
Von der Bikini-Traumfigur!
Doch selbst für Radikaldiät,
Liebes Nilpferd, ist's zu spät!

Im Dschungel hört man es schon lange,
Alles lacht über die Schlange,
Wie dumm sie ist, und kurzsichtig auch:
Sie liebte einen Gartenschlauch!

Der alte Wurm, er kriecht nicht mehr,
Er liegt nur da und schämt sich sehr.
Der Grund, warum er sich so schämt:
Viagra hat ihn voll gelähmt!
Heute ist die Qualle sauer
Und zwar auf das Versandhaus Baur:
Die Ware kam sehr viel zu spät
Und war von schlechter Qualletät!

Was ist er doch für'n toller Hecht,
Jetzt ist ihm mal so richtig schlecht:
Das kann den Magen schon verstimmen,
Im Strudel mit dem Strom zu schwimmen.

## Vogelkunde für Männer

Ein Vogel nutzt viel seiner Zeit
Für seine Eierpflege
Bei ihm nennt man sie nicht „Gemächt"
Sie heißen dann „Gelege".
Einem Vogel tritt man nicht
Mitten in die Eier!
Und die Steigerung von Papagei
Heißt wohl nicht Papageier...

## Der Wurm

Da war die Sache mit dem Wurm,
Der sich – ganz und gar nicht elegant –
So wand
Was er ziemlich wurmisch fand
Und schließlich war es nicht verboten,
Sich zu ringeln,
Sich zu winden,
Oh weh, jetzt hat er einen Knoten!

## Dialog im Wald

*Der Jäger (mit dem Sprachfehler):*
Wenn isch disch erwisch,
Kommsch du auf den Tisch,
Ob du Fisch bisch oder nisch!

*Das Reh (das erstaunlicherweise sprechen kann):*
Oh weh, nee, nee, ich bin ein Reh,
Bin seit eh und je ganz zäh,
Zumal ich das ganz anders seh'!

*Der Jäger:*
Und wasch esch isch
Wenn nisch disch?
Schlieschlisch bin isch hungrisch!

*Das Reh:*
Herrje, dann geh
Zur Heilsarmee –
Ich dreh', adé!
*Fort war das Reh!*

## Das Ei

Es liegt so rund in meiner Hand:
Das Ei, das ich am Wege fand.
Ich frag mich, was mag darin stecken?
Oder lasse ich's mir schmecken?
Sollte ich es wohl behüten
Und mit meiner Wärme brüten?
Was würd' später daraus schlüpfen?
Tät' ein kleines Küken hüpfen?
Oder käme dort – oh Graus –
Eine kleine Echse raus?
Vielleicht geschieht bizarres hier
Und es schlüpft ein Schnabeltier.
Vielleicht wird's auch eine große Schlange –
Langsam wird mir Angst und Bange!
War da zum wiederholten Male
Ein leises Kratzen in der Schale?
Scheint sich da nicht was zu regen?
Kann ein Ei sich so bewegen?
Klang's nicht so, als ob wer pocht?
Pech, nun ist es hartgekocht!

## Vater Kakerlak

Huch, sprach Vater Kakerlak,
Als er sich erschrak.
Es ist schon beklemmend,
Einerseits so klein,
Und doch Teil der
Dominierenden Spezies zu sein,
Die einfach alles überlebt,
Respekt, nicht schlecht!
Und den Menschen,
Den einzigen Feind,
Erst recht!

Übrigens hat es noch nie
Kakerlaken-Suizid gegeben,
Weil diese Biester
Einfach ALLES überleben.

# IV. Schweigeminuten und die Stille dazwischen

## Sprachlos

Dieser Blick
Wirkt kalt und leer
Scheint alles
Zu durchdringen
Weite Augen
Weites Meer
Es konnte nicht
Gelingen

Keine Silbe und
Kein Wort
Die sich
Mit Tränen mischen
Mit einem Mal
Ist alles fort
Schweigeminuten
Und die Stille dazwischen

**Letzte Worte**

Wenn ich sterb', dann gehe ich,
All mein Sein verflüchtigt sich,
Leere Hülle, aufgebahrt.
Sind Geist und Seele erst mal weg,
Bleibt Kohlenstoff und and'rer Dreck,
Den niemand aufbewahrt.

Wenn ich sterb', dann gehe ich,
Was danach kommt, das weiß ich nicht
Und keiner kann's mir sagen.
Verschwinde ich in großer Leere?
Oder ob ich wiederkehre?
Wen sollt' ich danach fragen?

Wenn ich sterb', dann gehe ich,
Angst erfüllt mich sicherlich,
Doch Hoffnung scheint's zu geben:
Wer mich gekannt hat auf der Welt
Und in Erinnerung behält,
In dem werd' ich weiter leben!

Wenn ich sterb', dann gehe ich:
Erinnert euch an mich!

## Schlaflos

Die Nacht breitet
Ihr samtenes Tuch
Über die Welt,
Erstarrt
Im endlosen Schlaf,
Traumlos,
Schwer und tief.

Sternenlose
Dunkelheit,
Wie schwarzes Wasser,
Erstickt
Die letzten Worte
Die ich rief.

Endlich ruhen,
Endlich Frieden,
Weil ich
Viel zu lange
Nicht mehr richtig schlief.

## Andenken

Ich schau auf
Zum Himmel
Sterne
Leuchten in nahezu
Unendlicher Ferne
Wie viele von ihnen
Sind vor Ewigkeiten
Vergangen,
Gestorben,
So wie du?
Und doch erreicht
Mich ihr Licht
Nacht für Nacht -
Ich wünschte,
Es würde niemals
Verblassen.

**Woran glaubst du?**

Glaubst du an den lieben Gott?
An ein Leben nach dem Tod?
Woran glaubst du?

Glaubst du an Reinkarnation?
Oder ans Elysion?
Woran glaubst du?

Glaubst du an Seelenenergie?
An die Macht der Fantasie?
Woran glaubst du?

Eins steht fest: Dass am Schluss
Jeder mal dran glauben muss!

**Sinn des Lebens**

Hat das Leben einen Sinn?
Sicherlich, denn immerhin
Wird jeder, wenn auch nicht mehr jünger.
Am Ende wenigstens noch Dünger!

## Trennungskind

Kleine Augen, tränenvoll,
Der Fröhlichkeit beraubt
Kleine Hände klammern fest,
Doch jedem Halt beraubt
Hin und wieder her gerissen
Fast schon wie ein Geist
Wie viel kann ein Kind ertragen,
Bis es ganz zerreißt?

## Mach das Licht an

Draußen
Nichts als Leere
Versuche zu Verhindern
Ins Innere zu gelangen
Stehe zwei Schritte
Neben mir
Beobachte mich
Beim Nichtstun

Gedanken

Glühen in der Dunkelheit

Ich träume

Treibe zwischen

Den Sternen


Fühl mich

Benebelt

Während ich

Mit weit aufgerissenen Augen

Umher irre

Kann den Boden

Unter den Füßen

Nicht sehen

Fühlt sich an

Wie Schweben


Mach

Das Licht

An!

## Schlafwandler

An manchen Tagen gehe ich
Durch die Welt und frage mich:
Wie komm ich nur hier her?
Weil ich mich nämlich dann und wann
An keinen Weg erinnern kann
Ich weiß einfach nichts mehr
Bewege mich durch Raum und Zeit
Mit schlafwandlerischer Sicherheit
Wo bin ich nur gewesen?
Schlimmer noch: Wo geh ich hin?
Ergibt das alles einen Sinn
Außer zu verwesen?
An solchen Tagen wünschte ich
Jemand käm und weckte mich
Aus diesem bösen Traum
Befreit mich dann von diesem Bann
Aus dem ich selbst nicht fliehen kann –
Jedoch, ich glaub es kaum...

**Die Brücke**

Vorbei, vorbei, vorbei!
Die Brücke
Zwischen heute und morgen
Brach mit jähem Schrei

Gähnend bleibt die Schlucht
Von Ewigkeiten
In den Fels geschnitten
Keine Möglichkeit zur Flucht!

Zu weit für einen gewagten Sprung
Und doch nur eine Armeslänge –
Reich mir die Hand
Wir sind da, wir sind jung!

**Visite**

Sie diskutieren, lamentieren,
Wer's wirklich besser weiß:
Welche Spritze? Welche Pille?
„Herr Doktor, mir ist heiß!"

Sie pumpen voll mit der Chemie,
Vom Kopf bis in den Zeh
Sie pieksen hier und drücken dort –
„Herr Doktor, das tut weh!"

Sie diskutieren, lamentieren,
Streiten um das Recht,
Die Diagnose kund zu geben –
„Herr Doktor, mir geht's schlecht!"

Sie schneiden auf und wühlen
Sich tief in das Gedärm,
Damit sie bloß was finden können –
„Herr Doktor, muss ich sterb'n?"

Sie diskutieren, lamentieren,
Kommen zu dem Schluss –
„Herr Doktor, mir wir schwarz vor Augen!"
*pieppiep*
Exitus!

**Der kurze Weg in die Ewigkeit**

Gestern standst du lachend da
Freutest dich am Leben
Heut verfällst du Stück für Stück
Und scheinst aufzugeben

Gestern fing die Zukunft an
Du warst wie neugeboren
Heute tobt ein Kampf in dir
Jedoch, er scheint verloren

Gestern schienen alle Zweifel
Vertrieben und vergessen
Heute will des Zweifels Seuche
Dich innerlich zerfressen

Gestern Pläne für die Reise
In eine neue Zeit
Zu bald schon endet der kurze Weg
In die Ewigkeit

## Letzter Wunsch

Die Welt hält
Den Atem an
Und wartet gebannt,
Dass du ihn tust,
Den letzten Atemzug

Wie sie kreisen,
Die Geier
Voller Gier nach
Der Anerkennung
Ihrer großen Tat

Sie pflegen dich
Und kümmern sich
So rührend
Auf dass ein jeder
Ihnen die Schulter klopft

Du liegst verzweifelt
Hilflos aufgebahrt
Und sorgst dich
Nicht um dich
Nur um sie
Schrei es heraus

Sag deinen letzten Wunsch
Keiner von ihnen
Wird dich begleiten
Auf deiner letzten Reise

Finde deinen Frieden
Wenn du loslässt
Lass dich treiben
In die Unendlichkeit
Nur für dich!

## Zeitmaschine

Bauen wir eine Maschine
Und reisen durch die Zeit
Verbessern wir die Fehler
Der Vergangenheit
Wir haben ja draus gelernt
Und war's auch manchmal schwer
Fragt sich, ob das Verbessern
Nicht auch ein Fehler wär'...

## Lastenverteilung

Manche Leute tragen schwer
An den Lasten des Lebens,
Andere leiden schon heute
An den Folgen zu schweren Hebens,
Manche schleppen große Packen
Voll Kummer und voll Sorgen,
Andere schultern die Verantwortung
Für ein besseres Morgen.

So gehen sie voran,
Mit tief gebeugtem Rücken,
Das Gewicht scheint sie fast
Zu Boden zu drücken –
Und dann gibt's noch die,
Die sich das ersparen
Und lieber mit leerem
Dachgepäckträger fahren...

**Letzte Wache**
(Katrin *16.12.1977  † 13.8.2008)

Der Kampf ist vorbei,
Die Schlacht ist verloren,
Auf das Wehklagen
Folgt Totenstille.
Diesen Krieg
Konnte niemand gewinnen,
Da half kein Siegeswille.
Der Feind kam heimlich,
Er hat gesiegt,
Du gabst dich
Schließlich geschlagen.
Er kann es nicht feiern,
Welch schwacher Trost,
Er wird mit dir zu Grabe getragen.

## Dein Bild

Dein Bild
Steht neben mir, ich denke
Dass ich dir
Mehr Beachtung schenke
Als damals,
Lang ist's noch nicht her
Nun bist du fort
Es geht nicht mehr

Für vieles
Ist es nun zu spät
Auch wenn
Das Leben weitergeht
Vermisse ich
Dich mehr denn je
Verdammt!
Erinnerung tut weh!

## Beerdigung im Regen

Vor dem Grab steht die Gemeinde
Der Regen fällt
Man wird durchnässt
Während man die große Kiste
Ganz langsam nun
Herunterlässt.

Oh weh, im Grabe steht das Wasser
Hat das denn niemand
Mitbekommen?
Da spricht der Sohn:
„Na, er ist früher
Immer gerne schon geschwommen!"

Ein Schmunzeln hier, ein Kichern dort
Es lacht
Die ganze Truppe nun
Man könnt' das Lachen makaber nennen
Verlogen wär's
Es nicht zu TUN!

## Kleine Blume

Auf dem Totenacker
Steht eine Blume,
Zierlich und klein,
Lässt den Kopf nicht hängen,
Schaukelt langsam im Wind,
Was kann das nur für
Ein Pflänzchen sein?

Auf dem Totenacker
Zeigt diese Blume,
Dass es jeder erkennt:
Das Leben siegt,
Lässt sich nicht begraben.
Das ist die Blume,
Die man Hoffnung nennt.

# V. Unterwegs nach Irgendwo

## Rundreise im Eidgenössischen

Wenn ich Geld hätte, dann führ ich
Am Liebsten mal nach Zürich.

Und natürlich reiste ich gern
Von dort aus dann direkt nach Bern.

Ohne langes Rumgefasel:
Weiter ging's nach Basel.

Und dann, auch dazu meinen Senf,
Besuchte ich natürlich Genf!

Verlieb ich mich, der Heimat fern,
In Luzern, in Luzern?

Ach, was soll denn nur der Geiz:
Ich nehme mir die ganze Schweiz!

## Veloziped

Ich fahr mit dem Veloziped
Und komm natürlich viel zu spät.
Viel früher wär ich angekommen,
Hätt ich das Fahrrad nur genommen!

## Paradox

Ein Flugzeug setzt zur Landung an,
Kommt runter auf die Landebahn -
Ich denk: Trotz Technik und Physik
Gehörte dazu wohl auch Glück!

Denn wie moderner Sprechgesang,
Wie totgeweiht, ein Leben lang,
Wie Mäuse, die sich Katzen fingen,
So paradox sind starre Schwingen!

## Landflucht

Verflucht seien die, die Städte bauen,
die scheinbar nie das Ganze schauen -
Welch Hässlichkeit der Mensch erschafft!

Grau in graue Häuserschluchten,
Betongestützte Fensterfluchten,
Spiegeln wahre Schaffenskraft!

Wild pulsiert der Lebensstrom
Als Blechlawine, Stahl und Chrom,
Benzin, das ist der Lebenssaft.

Alles läuft, eilt, fährt und hastet,
Keiner ruht und keiner rastet,
In Bewegung, dauerhaft!

Ins Nachtleben hineingestürzt,
Fremdländisch, feurig, scharf gewürzt,
Ruhepause? Abgeschafft!

Wie schön ist's, auf dem Land zu leben,
gesünder auch, nur leider eben
Von Langeweile hingerafft!

**Strahlend schönes Land**

Weites Blau
Bis an den Horizont
Trägt der Ozean
Die Gedanken
So unglaublich leicht
Wie die Brise
Die er bringt
Und Kühle
Die über deine Haut
In der Morgensonne streicht

Leuchtend gelb
Orange und rot
Die Früchte verströmen
Mit der Brise
Ihren verführerischen Duft
Kleine Wellen
Rauschen am Riff
Der Klang, die Stimmen
Fremder Vögel
Liegen in der warmen Luft
Sattes grün
Das Blätterdach

Des Waldes, so hoch

Dort, in den Wipfeln

Siehst du die Affen?

Der große Wald

In dessen Herzen

Verborgener Tempel

Plötzlich erscheint

Wer hat ihn geschaffen?


Zartes grün

Die Palmen

Beugen sich

Und wiegen

Im leichten Wind

Ich glaubte nie

Ans Paradies

Und nicht daran

Dass ich es

Tatsächlich find'!

**Am Weiher von Speyer**

Herr Meier
Trank in Speyer
Als sei er
Auf 'ner Feier;
Erbrach sich in den Weiher
Er war der Weiherspeier!

**Jakobsweg**

So liefen die Füße, die meinigen,
Den langen Weg, den steinigen.
Es sollte die Seele mir reinigen –
Wie kann man sich selbst nur so peinigen?

## Das Erwachen

Kalter Morgen
Klare Luft
Klar im Kopf?
Wohl kaum!
Alles im Gleichschritt
Türen auf
Türen zu
Bewegen wie im Traum

Erwachte
Und stellte fest,
Den Blick irgendwo
In der Ferne verlor'n,
Mit 38 Jahren
War ich genau dort
Wo ich nie hin wollte:
In Paderborn!

## Fernweh

Fernweh
Hat man immer dort
Wonach man
An einem anderen Ort
Heimweh hat.

## Andere Länder, andere Sitten

Herr Müller reiste auf Firmenkosten
Per Flugzeug in den Fernen Osten.
Ziemlich müde kam er dann
An seinem Ziel in Japan an.
Er schaffte seinem Unmut Platz
Mit Hohn und Spott in jedem Satz,
Gab Sushi-Witze dann zum Besten,
Er wollte die Geduld wohl testen.
Als er jedoch den Fehler machte
Und über Japans Kaiser lachte,
Zerteilte ihn  mit kurzem Schrei
Ein Samurai!

## Pisa

Wenn man sieht
Wie er da steht
Fragt man sich:
War das nur
Ein menschlicher Fehler
Oder absichtlich?

Hat jemand
Den stolzen Turm
Auf falschem Grund bebaut?
Oder sich
Der Norm zuwider
Wirklich was getraut?

Was kann man tun,
Will man die Dinge
Ins rechte Lot rücken?
Den Turm
Oder den Rest der Welt
Mal ordentlich verrücken!

**Die Reise**

Ich packe.

Ich packe meinen Koffer.

Ich packe meinen Koffer und gehe.

Ich packe meinen Koffer und gehe auf die Reise.

Ich packe meinen Koffer und gehe auf die Reise ohne Wiederkehr.

Ich packe meinen Koffer und gehe auf die Reise ohne Wiederkehr und Ziel.

Oder ich bleibe zuhause –

Manchmal zögere ich einfach zu viel...

# VI. Beruf oder Berufung

**Die Weisheit der...**

...Müllwerker:
Kommt Zeit, kommt Unrat!

...Henker:
Die Kleinen hängt man, die Großen lässt man baumeln!

...Bergarbeiter:
Wer anderen eine Grube gräbt, ist ein armes Schwein!

...Revolverhelden:
Tür zu, er zieht!

...Feuerwehrleute:
Der Lauscher an der Wand ist leider mit verbrannt!

...Reiter:
Der Apfel fällt nicht weit vom Pferd!

## Neulich, auf der ISS

Was ist denn heute bloß
Mit meiner Schwere los?

Aus Langeweile mach ich schon
In jedem Raum Station!

Ist besser, als wenn ich draußen wäre:
Da fehlt die richtige Atmosphäre!

In den Anzug, Helm auf, dicht!
Heut ist All-Tag, oder nicht?

## Beim Friseur

Kopf oder Zahl?
Zopf oder kahl!

## Fischertechnik

Es flucht der Fischer
Mit rotem Gesicht,
Er findet seinen Fang
Wohl nicht.
Und das nur,
Weil er einmal sparte:
Er hatte keine
Netzwerkkarte!

## Jedem sein Gewerk

Der Maurer beherrscht den Stein,
Der Tischler die Säge, grob oder fein,
Der Maler die Farbe, Tapeten und Kleister,
Aber wer, bitte schön, macht den Bürger zum Meister?

# Reifeprüfung

Freut euch
Ihr Glückseligen
Freut euch
Solange ihr noch könnt
Feiert euch
Und eure Unwissenheit
Über das Verderben
In das ihr rennt

Mit dem Feuer
Der Jugend
Das so heiß
In euch brennt
Mit offenen Armen
Aus der Sicherheit
In das, was man
Das Leben nennt

Habt noch keine
Liebe, kein Leid
Gesehen, euch fehlt
Das Fundament
Ist es das, was ihr wollt

Ist es das, was ihr sucht
Ist es das, was ihr braucht
Weil ihr es noch nicht kennt

Was nutzen die Worte
Die sinnlos verhallen
Sie ändern nichts
Es wird so geschehen
Jeder von euch
Muss am Ende
Allein für sich selbst
Seinen Weg gehen


## Steuer-Bord

Der Kapitän steuerte sein Schiff
Geradewegs auf's nächste Riff –
Doch nicht im Suff und nicht ihm Kater,
Ihm fehlte nur ein Steuerberater!

## Neulich in der Volkshochschule

Hausfriedensbruch für Einsteiger
Stalking für Nachgelaufene
Phishing für Hobbyangler
Und neu:
Auswandern als Fernlehrgang


## Drei Jäger

Drei Jäger gingen auf die Pirsch,
Nach Hase, Wildsau oder Hirsch.
Zwei haben dann mal ganz gepflegt,
Den dritten Jägersmann erlegt.
Schon bald begannen sie zu streiten,
Da erwischte es den zweiten.
Der letzte endlich traf ein Tier –
Deswegen war er schließlich hier –
Jedoch, das Tier, das war der Bär,
Nun gibt's dort keine Jäger mehr.

# VII. Wortspielplatz

## B-Komplex

*B*, du *B*ist so wunder*B*ar
*B* wie *B*lüte
*B* wie *B*lut
Stehst mitten im Le*B*en
*B*eruhigst so gut

*B*, mit dir
Kann ich *B*ücher schrei*B*en
*B*erge erklimmen
*B*eweglich *B*lei*B*en
*B*ist manchmal *B*rav
Und manchmal *B*ieder
*B*urschikos auch, hin und wieder.

*B*, gi*B*st manchen Worten Sinn
*B*ist Anfang, Ende, mittendrin
Wie *B*löd wär es doch sicherlich
Zu sagen:
„ , ich liee dich!"

## Für alle Lebenslagen

Kann man nicht für die Höhe der Wogen bürgen –
Dann muss man im hohen Bogen würgen!

Lässt man im Garten Sachsen wachen,
Ist eins gewiss: Es wachsen Sachen!

Verbrennt man auf dem Schopfe Kerzen,
Bereitet das dem Kopfe Schmerzen!

Jag' niemals mit dem Messer Bachen,
Das kann man wirklich besser machen!

Kannst du nicht diese Büchse fangen,
Brauchst du nicht um die Füchse bangen!

Magst du gern auf Schiefer kauen,
Lass öfter nach dem Kiefer schauen!

Behüte bloß den Hammel gut
Und trag nicht diesen Gammelhut!

**Der Witz**

Schnorch bernätz dehuntemtät
Fagolam birri benät
Kaluterno riberim
Frontz brotahm galugelim

Permo, permo, lugulu
Honta härch kalinodu
Brasta brogel bratabritz

Na, verstehen Sie den Witz?

Flugunar paliguden
Pälasortz maliwiwen
Broto, broto, bentebente

Achtung, jetzt kommt die Pointe!

Kum, kaschnitz, klogulinum
Pindopando pundigum
Frontz brotham balarada
Permo, Permo

Hahaha...

## Aller-Hand

Hand schaffe

Hand baue

Hand halte

Hand vertraue

Hand helfe

Hand verrichte

Hand töte

Hand vernichte

Hand quäle

Hand schlage

Hand heile

Hand vertrage

## Sechs wirklich wichtige Fragen

Kann man als Großherzog klein
Und als Pilot bodenständig sein?

Fühlen sich Feuerwehrleute geschlaucht
Und werden Neulinge gebraucht?

Was macht ein Drücker, der sich verziehen soll
Und warum war ich in Leer so voll?

## Wichtige Fragen zur Musik

Ist ein Sänger, der für seine Kunst lebt, ein Mikroorganismus?

Braucht ein Streichorchester einen Geigerzähler?

Kann ein Saxophonist seinen Vortrag vergeigen?

Ist es vorstellbar, dass ein Konzertpianist mit Pauken und
Trompeten untergeht?

Kommt es mitunter vor, dass ein Gitarrist von Tuten und Blasen
keine Ahnung hat?

## Radikal

Schnelle Veränderung
Sind zu radikal,
Verdammt nochmal!

Gehen die Dinge aber
Einfach ihre Wege,
Dann ist das träge!

## Am See

Ich stand am Ufer
Und starrte auf den See,
Da zwickte mich etwas
In meinen Zeh
Wie gut, dachte ich,
Schlimmeres blieb mir erspart:
Ich hatte weder zum Himmel
Noch auf den Weiher gestarrt!

**Zerfall**

Er ist um uns, überall:
Der Zerfall!
Es ist fast so, als ob die ganze Welt
Zerfällt.
Und so ergeht es auch uns allen:
Wir zerfallen!
Was kümmert's also mich, ob ich zerfiel?
Sehr viel!


**Variationen des Endes eines Nachtlieds**

Der Mond ist aufgegangen...

...der Hauptfeldwebel, wunderbar!

...der Handbremshebel nicht mehr da!

...die bleichen Schädel, harharhar!

...der krumme Säbel, auauaaaa!

**Majestätisch**

Was wohl die Majestäten täten,
Wären sie nicht König?
Vermutlich ziemlich wenig!

**Alkohol**

Alkohol
Macht tüchtig süchtig
Bis er
Oder die Leber
Sich verflüchtigt!

# VIII. Geschichten

## Ein Fall für Edgar Wallace

Der Gärtner sprach:
„Komm meiner Schere
gefälligst nicht mehr in die Quere!
Sonst geht's dir wie der Hecke!"

Darauf die Köchin:
„Hüte dich!
Glaubst du denn, ich fürchte mich?
Das fehlt noch, dass ich hier verrecke!"

Da kam der Butler noch hinzu
Und sprach mit allergrößter Ruh':
„Lasst ab, sonst seid ihr zwei verflucht!"

Heut steht in der Zeitung: 'Butler gesucht!'

Das kommt davon!

## Prometheus

Eines Tages im Olymp

Zeus sprach zu seinen Götterkollegen:
„Ihr solltet euch mal überlegen,
Folgt ihr mit euren ganzen Spielen
Noch weiter irgendwelchen Zielen?
Oder kann es einfach sein
ihr mischt euch nur zu gerne ein?"

Die kleinen Götter sah'n auf zum Großen,
Hat er sich den Kopf gestoßen?
Oder sich den Hals verrenkt,
dass ER jetzt an die Menschen denkt?

Ares meint, es liegt am Essen,
Er hat Ambrosia vergessen,
Beim letzten Göttermahl gab's zu viel Soja -
Und zur Verdauung Krieg um Troja!

„Solche Probleme hab ick keene",
entgegnete flapsig die Athene,
„Denn während sich deine die Köpfe einhauen,
Lass ich mir noch einen Tempel bauen!"

Ein wenig grübelnd steht an der Seite
Hermes, dieser Blitzgescheite:
„Während ihr streitet hab ich schon vor Stunden
Den ersten Paketdienst der Welt erfunden!"

So stehen sie da und lamentieren,
Vergessen die Dinge, die um sie passieren,
Bemerken nicht das Menschlein klein,
Es steht in der Ecke, schaut schüchtern drein
Und fragt ganz leise und noch etwas scheuer:

„Äh, Entschuldigung, hat mal jemand Feuer?"

**Im See**

Ich stand im See
Und angelte Barsch,
Da kam das große Krokodil
Und biss mir in den Arsch.
Tja, so ist's nun mal auf Erden:
Fressen und gefressen werden!

## Ikarus

Stolz erhebt sich in die Lüfte
Eitel schwebt zum Himmel rauf
Unbedacht zerbricht die Flügel
Schlägt am Ende schmerzvoll auf!


## Der Fremde

Da steht ein Mann, dort vor den Toren
Verzweifelt klopft er, will hinein
Er scheint ja völlig durchgefroren,
Drum lasst ihn rein, das arme Schwein!

Fragt ihn, ob er denn Hunger hat
Gebt ihm zu Essen und zu Trinken
Danach ein schönes heißes Bad
Wie kann man nur so stinken?

Mit neuen Kleidern ausgestattet
Die Haare nicht mehr wirr und kraus
Das Angesicht nicht mehr ermattet
Sieht er doch ganz manierlich aus!

Nun sagt mir, ehrenwerter Mann,
Was bringt euch her zu mir?
Wo geht ihr hin und, bitte, wann?

Gar nicht, denn ich bleibe hier!


*ziiing*
*zwusch*


Aarrgghh...


Ihr Diener, keine Fragen mehr?
Erfüllt dann euren Zweck!
Ich bin jetzt euer neuer Herr
Räumt den da endlich weg!


Und die Moral von dem Gedicht:
Öffne fremden Männern nicht!

## Klarstellung zum Thema Prinzen

Ich lieg neben dir hier und genieße die Ruh',
Da flüsterst du mir ganz leis' etwas zu:
Du suchst nach dem Prinzen auf edlem Pferd –
Halt! Irgendwas läuft hier gründlich verkehrt!
Da gibt's einen Punkt, der ist nicht zu verhandeln:
Wenn du hoffst, ich würd mich in den Prinzen verwandeln,
Dann sage ich dir ganz offen ins Gesicht:
Amphibien, die küsst man nicht!

## Es war einmal...

„Es war einmal...", so fängt
Doch manches Märchen an.
Erstaunlich, was man gleich
Daran erkennen kann:
Wer diese Worte schrieb
- man achte auf die Zeit -
Lebt in Gedanken sicher
In der Vergangenheit.

„Es ist einmal...", so heißt es,
Wenn jener, der das sagt,
Nicht im Vergang'nen lebt,
Nicht hadert und verzagt,
Sich nicht der Gegenwart
Ganz heftig widersetzt -
Der lebt und der genießt,
Das Leben, hier und jetzt.

„Es wird einmal...", das klingt
Nach einem, der den Blick
Stets nach vorne wendet,
Nicht seitwärts, nicht zurück!
Der sich auf seinem Weg
Auch ruhig mal etwas traut.
Der voller Hoffnung ist und ganz
Auf seine Zukunft baut.

Und die Moral von dem Gedicht?
Versau bloß deinen Anfang nicht!

## Der Raucher

Kommt ein Mann und sagt zum Arzt:
„Ich glaub, ich hab zuviel gequarzt!"
„Ge-was?" fragt da der Internist,
Weil er irritiert wohl ist.
Der Mann keucht unter Atemnot:
„Ich hab geraucht, so wie ein Schlot."
„Ja, wussten Sie nicht, junger Mann,
Dass Rauchen tödlich sein kann?"
Der Mann haucht: „ Nein, das wusst ich nicht",
Während er zusammenbricht.
Der Doktor schüttelt nur den Kopf:
„Na, hör'n Sie mal, Sie armer Tropf,
Sie wussten wirklich nichts davon?
Dabei gilt doch seit Jahren schon,
Dass es auf jeder Packung steht!"
„'tschuldigung"
*röchel*
„Analphabet!"

**Es war einmal...die Wahrheit!**

Die Sieben Zwerge waren acht –
Den letzten ham sie umgebracht!

Hänsel und Gretel entkamen der Hex'
Und hatten inzestiösen Sex!

Rotkäppchen hatte gar keine Mütze,
Sondern offene Kopfhautkrätze!

Rapunzels Haare waren kurz und blond –
Sie begriff nicht, dass sie im Erdgeschoss wohnt!

Des Kaisers Nacktheit bliebt fast unentdeckt,
Das meiste war unter der Fettschürze versteckt!

Der Däumling war für die Damen ein Schatz,
Er beglückte mit vollem Körpereinsatz!

**Blutiger Altar**

Auf diesem blutigen Altar
Wurden einst in mancher Nacht
Einem längst vergessenen Gott
Menschopfer dargebracht.
Arme Geschöpfe,
Geschlachtet ohne jegliche Schuld.
Für die einen ist das Barbarei,
Für die anderen ist das Kult!

**Sommer der Jugend**

Weißt du noch,
Damals,
Die gute, alte Zeit?
Wo ist sie nur geblieben?
Vorbei,
Verronnen,
Vergangenheit,
Endgültig abgeschrieben!

Weißt du noch,
Wie Sommer
Früher waren?
Sonnenschein und ganz viel Eis.
Für 50 Pfennig
Ins Freibad,
Nichts mit sparen -
Heute ist's nur noch unverschämt heiß.

Weißt du noch,
Damals,
Die Mädels war'n jung,
Und wir wollten einfach nur ran.
Vergeben.
Vergebens.
In der Verzweiflung
Sahen wir uns Frauentennis an.

Und da sag noch einer, heute sei alles schlechter!

## Einsame Entscheidung

Die Luft knistert

Spannung erregt

Eine Schweißperle rinnt

Das einzige, was sich bewegt

Gedanken hämmern

Im Takt der Sekunden

Zeit dehnt sich

Minuten zu Stunden

Eine Entscheidung

Die man gewiss nicht bereut

Entweder Leben oder

In alle Winde zerstreut

Niemand kann helfen

Keiner weiß Rat

Sei's drum, ich nehme

Den roten Dr...*

## Der Burgschuft (oder so ähnlich)

Zu Dionys, dem Tyrannen, schlich
Damon, den Dolch im Gewande –
Er dachte, mit einem gezielten Stich
Wär' wieder Ruhe im Lande!

Jedoch, das Dumme an der Sache:
Der üble Herrscher hat 'ne Wache!

„Weg mit dem Dolch,
Dümmlicher Strolch!"

„Denkt ihr, ich wollte den König quälen?
Wollt' ihm nur helfen, äh, Äpfel zu schälen!"

„Ach so, na, dann erwürg ich dich halt nicht!"
Und die Moral von der Geschicht':
Kannst du nicht erfolgreich meucheln,
Hilft nur freundschaftliches Heucheln!

## Mitternacht

*dong*

Es hallt durch finstere Nacht

*dong*

Der schwere Schlag der Uhr

*dong*

Von Menschenhand gemacht

*dong*

Und doch mechanisch nur

*dong*

Verkündet sie tagtäglich

*dong*

Der Tag ist nun vorbei

*dong*

Und ächzt dabei so kläglich

*dong*

Als brächte sie entzwei

*dong*

Ihr Schlag dringt in die Zimmer

*dong*

Geseufz aus totem Munde

*dong*

Entsetzliches Gewimmer

*dong*

Schlag zwölf – Geisterstunde!

*dong*

Was ist das? Will die Uhr mich Lügen strafen?

Oder hab' ich tatsächlich die Mitternacht verschlafen?

## Morgenstund

Als ich heute früh erwachte,

War mir gerad' so schrecklich warm,

Ich wischte mir den Schweiß

Mit dem einen, dem anderen und dem dritten Arm!

Tropfen perlten träge

Über die schuppig-grüne Haut

Vier Zahnreihen im Spiegel

Lächeln seltsam vertraut.

Mir schmerzte der Schädel,

Ich ahnte es schon:

Wieder so ein Tag

Mit spontaner Mutation!

## Der ewige Kampf

All die Geschichten sind
Schon immer voll gewesen
Vom verzweifelten Kampf
Der Guten gegen die Bösen
Und eigentlich ist
Meistens vorbestimmt,
Welchen Verlauf
Die Geschichte nimmt.
Das soll Hoffnung geben,
Denn wir wissen doch ganz genau:
Die Welt ist nicht schwarz und weiß,
Sie ist grau!

## IX. Weihnachten und andere Katastrophen

### Das Christkind

Denkt ihr, ihr habt das Christkind geseh'n?
Mit güld'nen Haaren, wunderschön,
Ein weißes Kleid aus reinster Seide
Und die Figur – 'ne Augenweide!
Ein makelloses Angesicht,
Umstrahlt von einem hellen Licht.
Habt ihr's gesehen, ungelogen?
Dann lasst die Finger von den Drogen!

### Statt Karten

Frohe Weihnacht wünsche ich,
Ja, wie denn jetzt, ihr glaubt mir nich'?
Denkt ihr schon wieder: "Irgendwie
Klingt das bei DEM nach Ironie!"
Na, das enttäuscht mich wirklich echt -
Zugegeben: Ihr habt Recht!

## Die Wahrheit

Seht ihn an, den frohen Mann,
Mit seinem roten Mantel an,
Der Bauch so dick, fast kugelrund,
Die Wangen rot und kerngesund,
Das Haar so weiß, der Bart ja auch,
Er reicht ihm glatt bis auf den Bauch.
Woher kommt dieser Mann denn bloß?
Von Coca-Cola
Und den Disney-Studios...

## Lieber, guter Weihnachtsmann

Lieber, guter Weihnachtsmann,
Kommst nicht an den Christbaum ran,
Weil du mit deinem dicken Bauch,
Dem Sack voller Geschenke auch,
Hoch oben drin im Schornstein steckst
Und sicherlich darin verreckst...

Ach komm schon, lieber Weihnachtsmann,
Streng jetzt mal richtig an!
Zieh den Bauch ganz feste ein,
Rutsch in unser Häuschen rein,
Verteile deine guten Gaben,
Für die wir wohl bezahlet haben!

Vorwärts, lieber Weihnachtsmann,
Sonst zünden wir den Ofen an!
Komm in uns're gute Stube,
Erfreue Mädchen auch und Bube,
Bring den Kindern frohes Lachen,
Nur nicht alles schmutzig machen!

Danke, lieber Weihnachtsmann,
Auch dieses Jahr hast du's getan,
Bist aus dem Ofenloch gekrochen,
Hast Muttis Vase dann zerbrochen,
Den teuren Teppich ganz verrußt:
Sieh zu, dass du das Weite suchst!

## Mahlzeit!

Ach, wär' er doch daheim geblieben,
Der Weihnachtsmann muss Schlitten schieben!
Warum, das ist ganz schnell verraten:
Gestern gab es Rentier-Braten!

## Von drauß', vom Walde

Von drauß', vom Walde komm ich her,
Was ich dort wollte weiß ich nicht mehr,
Bin nur ein armer alter Mann
Mit rotem Bademantel an.
Ich glaube ich bin gestern schon
Aus der Seniorenresidenz gefloh'n.

Da vorne ist ein Supermarkt,
Da hab' ich früher oft geparkt,
Um meinen Kräuterschnaps zu kaufen –
Ich glaub ich werd' gleich weitersaufen!
Dann werd' ich zu der Bank dort wanken
Und noch ein wenig Wärme tanken.

Kaum setz ich mich, ich weiß nicht wie,
Schon hockt ein Kind auf meinem Knie,
Es sagt, es sei ganz brav gewesen
Und wünsche sich etwas zum Lesen.
Ich schrei die olle Göre an:
„Hältst du mich für den Weihnachtsmann?"

Das Balg rennt heulend dann davon,
Da sehe ich die Lichter schon,
Blau blinkend hält der Krankenwagen,
Ich werde dann davongetragen.
Meine Flucht, nun endet sie
In der Gerontopsychiatrie!


## Nachwehen

„Liebling", sprach er blass, „verzeih,
Dass ich nach dem Eimer schrei!
Das zehnte Bier, das hat's verrissen:
Jetzt geht es mir beschissen!"

Der Abend, er begann so froh
und endet schließlich vor dem Klo!

## Schützenfest

Schmücken die Gassen
Mit Fahnen in Massen
Und grünendem Geäst:
Es ist Schützenfest!
Von fern ertönt
Und näher dröhnt
Ein Pauken und Flöten
Und Marschmusiktröten.
Lächerliche Gestalten
Können sich entfalten,
Wenn sie in Uniform marschieren
Und gleichgeschaltet proklamieren:
Gehorsamkeit und Tradition
Sind die Pfeiler der Nation!
Ob sie es glauben, vielleicht lieben?
Schon immer mit dem Strom getrieben!
Und so halten sich diese Schützen,
Mit Zylindern, Hüten und Mützen,
Für gesellschaftliche Stützen -
Frag sich nur, wem soll das nützen?
Bierseligkeit und Holzgewehr -
Das rettet uns nun auch nicht mehr!

## Jahreswechsel

Zündet Böller und Raketen,
Verballert all eure Moneten,
Begrüßt das Jahr mit Krach und mehr,
Als ob es euer letztes wär'.

Hoch die Gläser, lasst sie klingen,
Stimmt mit ein, wenn alle singen,
„Nehmt Abschied, Brüder, ungewiss..."
Ganz egal, wie schief es ist.

Umarmt euch, Freunde, wunderbar,
Wünscht euch ein frohes neues Jahr,
Vom alten Jahr spricht keiner mehr –
Ist ja auch irre lange her!

Seid ihr denn kurz zur Ruh' gekommen
Und habt euch etwas vorgenommen?
Wie schön, denn spätestens am Morgen
Habt ihr gewiss ganz andere Sorgen...

## Beobachtung am Morgen danach

*plopp*
Es zischt
Sprudelt
Die Gischt
Zur Oberfläche
Strömt das Gas
Oberflächlich
Tut sich was
Lösen sich Partikel
Lösen sich auf
Steigen mit den Bläschen
Hinauf
Körper zerfällt
In kleinste Teilchen
Schweben im Auftrieb
Für ein Weilchen
Konturen verschwinden
Form verliert sich
Lebendiges Treiben
Fasziniert mich
Teilchen und Bläschen
Sprudeln um die Wette –
Schon spannend,
So 'ne Brausetablette!

## Überschaubare Kaffeetafel

Nein, wie schön, hab' ich ein Glück,
Vom Kuchen glatt das größte Stück –
Der Grund dafür könnte wohl sein:
Ich sitz hier wieder mal allein...

## Geburtstaglied

Alles Gute, mein Lieber,
Ein weiteres Jahr geschafft!
Noch immer nicht hat dich
Irgendeine Seuche dahingerafft.
Du hast dich, alter Knabe,
Tapfer gehalten:
Zwischen den Furchen des Lebens
Sieht man kaum Falten!
Den Verkehr hast du weiterhin
Schadlos überstanden;
Auch auf der Straße...
Na, verstanden?

Du leistest weiter
Brav deinen Dienst,
Mit dem du doch nie
Zufrieden schienst,
Glaubst weiterhin,
Das Glas sei halb voll –
Ich finde
Diese Haltung toll!
Verzage nicht
Im Angesicht
Der vielen Jahre
Voller Soll und Pflicht,
Denn mit ein bisschen
Nötigem Glück
Erhältst du ein paar
Davon zurück:
In der Ruhe der
Senioren-Residenz,
Mit Gehhilfe, Lätzchen
und Inkontinenz.

# X. Letzte Seite

**Sehtest**

# Wenn Sie diese Zeilen

## Aus einem Meter Entfernung

## Noch lesen können,

### Dann haben Sie

#### Vielleicht sehr gute Augen

##### Oder

Vielleicht einen guten Optiker.

Vor allem aber

Freuen Sie sich!

Mit Gewissheit

Kann man sagen:

Sie leben noch!

Das ist doch auch etwas wert!

# Verzeichnis

Das hätte Freud gefreut          9

Drehsinn          9

Aberhubert hat...          9

Namentlich bekannt          10

Neun Worte zur Familie          11

Solche Tage          11

Traumdeutung          12

Was bin ich?          13

Mein Leben          14

Labyrinth          15

Die andere Freiheit          16

Nicht wie du          17

Selbsterkenntnis          18

Lebenseinstellung          18

Wenn ich...          19

Der Baum          19

Beinahe Zwillinge          20

Mir geht's gut          20

Sterndeutung          21

Hingebungsvoll          21

Erkenntnis          22

Gegen die Uhr          22

An die Ewigkeit          23

Vergessene Welt     23

Schmerzlich gereift     24

Erkenntnis eines Dichters     25

Kurzes Gedicht     25

Lyrik     26

Über das Dichten     26

Dreißig mal Satz     27

Die Eingebung     27

Kauf mir ein Buch     28

Aufbegehren     28

Bildsprache     30

Bitte nicht weiterlesen     30

Wortschmied     32

Tiefgang     33

In Sachen Eloquenz     34

Inspiration     35

Bekenntnis eines Dichters     35

1000 (Eintausend)     36

An den Poeten     36

Ohne Worte     37

Fundsachen     38

Zur Kritik     38

Gedichtsverlust     39

Arme Worte     39

Sprachproblem     40

Gedankensaat                                          40

Mit Humor                                             42

Acht Worte                                            42

Der Aal                                               43

Eine Frage zum Igel                                   44

Aberhubert's Tierleben (Band 1)                       44

Der Käfer                                             46

Nacktschnecken                                        47

Väterlicher Rat                                       47

Die Krähe                                             48

Die Fliege                                            49

Aberhubert's Tierleben (Band 2)                       49

Wichtige Fragen an die Meeresbiologie                 51

Die Motte                                             51

Im Affenhaus                                          52

Aberhubert's Tierleben (Band 3)                       53

Ornithologie für Fortgeschrittene                     54

Aberhubert's Tierleben (Band 4)                       56

Vogelkunde für Männer                                 57

Der Wurm                                              57

Dialog im Wald                                        58

Das Ei                                                59

Vater Kakerlak                                        60

Sprachlos                                             61

Letzte Worte                                          62

Schlaflos 63

Andenken 64

Woran glaubst du? 65

Sinn des Lebens 65

Trennungskind 66

Mach das Licht an 66

Schlafwandler 68

Die Brücke 69

Visite 69

Der kurze Weg in die Ewigkeit 71

Letzter Wunsch 72

Zeitmaschine 73

Lastenverteilung 74

Letzte Wache 75

Dein Bild 76

Beerdigung im Regen 77

Kleine Blume 78

Rundreise im Eidgenössischen 79

Veloziped 80

Paradox 80

Landflucht 81

Strahlend schönes Land 82

Am Weiher von Speyer 84

Jakobsweg 84

Das Erwachen 85

| | |
|---|---|
| Fernweh | 86 |
| Andere Länder, andere Sitten | 86 |
| Pisa | 87 |
| Die Reise | 88 |
| Die Weisheit der... | 89 |
| Neulich, auf der ISS | 90 |
| Beim Friseur | 90 |
| Fischertechnik | 91 |
| Jedem sein Gewerk | 91 |
| Reifeprüfung | 92 |
| Steuer-Bord | 93 |
| Neulich in der Volkshochschule | 94 |
| Drei Jäger | 94 |
| B-Komplex | 95 |
| Für alle Lebenslagen | 96 |
| Der Witz | 97 |
| Aller-Hand | 98 |
| Sechs wirklich wichtige Fragen | 98 |
| Wichtige Fragen zur Musik | 99 |
| Radikal | 100 |
| Am See | 100 |
| Zerfall | 101 |
| Variationen des Endes eines Nachtlieds | 101 |
| Majestätisch | 102 |
| Alkohol | 102 |

| | |
|---|---|
| Ein Fall für Edgar Wallace | 103 |
| Prometheus | 104 |
| Im See | 105 |
| Ikarus | 106 |
| Der Fremde | 106 |
| Klarstellung zum Thema Prinzen | 108 |
| Es war einmal... | 108 |
| Der Raucher | 110 |
| Es war einmal...die Wahrheit! | 111 |
| Blutiger Altar | 112 |
| Sommer der Jugend | 112 |
| Einsame Entscheidung | 114 |
| Der Burgschuft (oder so ähnlich) | 115 |
| Mitternacht | 116 |
| Morgenstund | 117 |
| Der ewige Kampf | 118 |
| Das Christkind | 119 |
| Statt Karten | 119 |
| Die Wahrheit | 120 |
| Lieber, guter Weihnachtsmann | 120 |
| Mahlzeit! | 122 |
| Von drauß', vom Walde | 122 |
| Nachwehen | 123 |
| Schützenfest | 124 |
| Jahreswechsel | 125 |

Beobachtung am Morgen danach 126

Überschaubare Kaffeetafel 127

Geburtstaglied 127

Sehtest 129

# Der Autor

**Godehard Stein**, Jahrgang 1969 – ein besonders guter Jahrgang, wie betont werden sollte –, ist Westfale. Da kann er auch nichts für. Aufgewachsen in der Nähe von Soest, zog es ihn in die weite Welt. Bis nach Münster hat es der angehende Student geschafft. Nur um dann Lehrer zu werden!
Heute lebt Godehard Stein in Ostwestfalen, arbeitet in Bielefeld und glaubt an eine Welt jenseits von Dortmund im Westen und Höxter im Osten.

# Das Buch

**Aberhuberts Lyrische Eskapaden** ist das erste veröffentlichte Werk des Autors. Viele der Gedichte von Godehard Stein sind mit einem Augenzwinkern zu verstehen. Gleiches gilt für die Romane, Glossen und weiteren Beiträge, ob nun gedruckt oder online.

# Der Dank

Da ich **Aberhuberts Lyrische Eskapaden** weitestgehend selbst verbrochen habe, gibt es nur eine überschaubare Anzahl von Danksagungen: Wie aus dem Vorwort schon zu entnehmen, bin ich voller Dankbarkeit für meine seligen Großeltern Lisbeth und Hubert Pohlig, wegen derer ich auch immer an Höxter hängen werde. Vielen Dank, liebe Sandra Püttmann, für das tolle Cover! Danke auch an die (inzwischen unbekannten) Leserinnen und Leser auf MySpace, die mich ermuntert haben. Und natürlich danke ich allen, die dieses Buch legal erworben haben (ich würde es ja persönlich machen, aber ich weiß nicht, wo ihr beiden wohnt).